NOTRE ÉPOQUE

ET

LE THÉATRE

ALFRED CAPUS

NOTRE ÉPOQUE

ET

LE THÉATRE

CONFÉRENCE

Faite le 16 mars 1906, à la Société des Conférences

PARIS

LIBRAIRIE CHARPENTIER ET FASQUELLE

EUGÈNE FASQUELLE, ÉDITEUR

11, RUE DE GRENELLE, PARIS

1906

NOTRE ÉPOQUE

ET

LE THÉATRE

Mesdames, Messieurs,

Je m'aperçois au moment de prendre la parole devant vous, qu'avec l'audace d'un homme dont c'est la première conférence, j'ai choisi tout de suite un sujet trop vaste et trop compliqué : *Notre Epoque et le Théâtre*. Car il faudrait d'abord, pour justifier cette hardiesse, vous faire de notre époque, en quelques instants, une large et intéressante peinture, et ce serait un projet insensé. Il faudrait ensuite vous donner de l'art du théâtre une définition qui en contînt toutes les variétés, toutes les tendances, toutes les incessantes transformations, et c'est une tâche devant laquelle un critique ne reculerait certainement pas, mais qui effraye un simple auteur dramatique.

Disons-le aussi, pour excuser à la fois les auteurs dramatiques et les critiques, jamais il n'a été plus téméraire qu'aujourd'hui de parler théâtre. Jamais on n'a été exposé à dire sur ce sujet des choses plus vagues et plus provisoires. Cela tient à ce que jamais non plus, l'auteur dramatique n'a eu à porter sur la scène une époque aussi difficile à observer et à peindre que la nôtre. Pour employer une expression de photographie, notre époque ne se prête pas à la pose : elle remue trop. Au moment où on va la saisir, où elle semble se reposer, rester un instant en place, tout à coup elle fait un mouvement brusque et dérange l'image. Par son imprévu et son tourbillonnement, par les prodigieuses surprises d'événements et d'idées qu'elle nous réserve à toute heure, par ses alternatives de fièvre et d'indifférence, par la multitude de types nouveaux d'hommes et de femmes qu'elle crée sans relâche, et par les modifications qu'elle fait subir aux types anciens, notre époque n'est pas très scénique, — je veux dire par là qu'elle est très difficile à réaliser scéniquement, à l'aide des seuls procédés qui ont servi jusqu'à présent aux maîtres de notre art.

En quoi réside principalement cette difficulté? En ceci, je crois, qu'on ne peut plus guère exposer, sous peine de ne pas se conformer à une forte observation du monde actuel, des types généraux et représentatifs d'une classe, ou même d'une fraction quelconque de la société. Il y a de moins en moins de traits communs entre les individus appartenant au même groupe social, ayant à peu près la même fortune et les mêmes relations, menant des existences analogues. Or, rien n'était plus commode, pour l'action dramatique, que d'avoir d'avance à sa disposition, et avec le consentement du spectateur, les lignes générales du bourgeois, du militaire, de l'aristocrate, de l'homme d'argent, ou de la grande dame, de la courtisane, de la femme honnête, de l'ouvrière, de la jeune fille. Il suffisait d'y ajouter un ou deux traits particuliers et contemporains, et l'action pouvait aussitôt se mettre en marche sans de plus longues explications.

Il n'en est plus de même dans le théâtre actuel. Chaque individu, au contraire, avant d'être lancé dans les combinaisons scéniques et les événements qui font l'objet du drame, doit être observé et étudié séparément. Et alors, qu'arrive-t-il? C'est que ces événements et ces combinaisons ne sauraient plus avoir l'ampleur, les complications, les surprises, l'intérêt qu'ils avaient autrefois.

Permettez-moi de prendre, comme exemple de ces modifications de nos types anciens, celui du bourgeois moyen, du bourgeois voltairien, qui a été si utile à l'écrivain dramatique pendant cinquante ans, et dont notre théâtre contient tant d'exemplaires définitifs. Le public le reconnaissait immédiatement et l'approuvait. Des artistes célèbres avaient l'habitude de l'incarner; ils ne se trompaient pas, ils ne le manquaient jamais. C'était un personnage familier, et tout ce qui émanait de lui, gestes et paroles, se comprenait aussitôt.

Or ne sentez-vous pas, Mesdames et Messieurs, que ce type de Français est en train de disparaître, tout au moins qu'il subit une éclipse? Peut-être se reconstituera-t-il un jour, mais il est évident qu'on ne le rencontre plus actuellement dans la bourgeoisie, par grandes masses, comme il y a vingt ans encore.

Quels étaient ses traits essentiels? Vous les connaissez : le goût de l'opposition, tempéré toutefois et limité par le respect des choses établies ; une tolérance religieuse qui tendait à se confondre avec l'indifférence ; un jugement fin et rapide, et l'ensemble des qualités et des dispositions d'esprit que l'on désigne communément sous le nom de bon sens. Son importance était considérable. Il était le centre de la société provinciale, il était arrivé peu à peu à représenter le Français par excellence.

Eh bien, on peut presque affirmer que nos dernières luttes politiques et religieuses ont achevé de l'abolir. Par les discordes et les agacements qu'elles ont suscités, elles ont détruit ce qu'on pourrait appeler le souriant équilibre voltairien. Entre nos voltairiens, une scission s'est faite brusquement. Les uns sont devenus cléricaux, les autres francs-maçons, et les uns et les autres tout proche du fanatisme. Ceux qui ne sont pas allés à ces extrémités n'en ont pas moins été atteints dans leur bonne humeur. Ce n'est plus le scepticisme qui est leur fond, mais une sorte de mépris plus âpre et plus ironique qui est de l'anarchie à l'état latent.

Des divisions aussi profondes s'opèrent partout, à tous les plans de la société. Notre époque est en train de dessiner des nuances nouvelles d'humanité pour ainsi dire, nuances dont l'arrivée au théâtre va en modifier probablement la technique, les sujets, le ton, jusqu'au dialogue. Entre les classes sociales, que de zones intermédiaires récentes, d'un intérêt, d'une vie si intenses! Est-ce que les seules lois sur l'éducation n'ont pas amené déjà dans le rôle social de la femme un changement capital et créé d'innombrables variétés de jeunes filles, de déclassées, de femmes unies à l'homme par le seul consentement réciproque, d'où est presque sortie une morale des situations irrégulières? Il y a les victimes et les parvenues de l'instruction, toute une série de caractères nouveaux qui arrivent à la vie et par conséquent à la scène. Vous comprenez que ces caractères sont loin de posséder la netteté, la franchise, l'ordonnance des caractères classiques. C'est par là qu'ils sont d'une réalisation scénique si malaisée et pour les peindre avec justesse, pour les suivre dans leurs évolutions et leurs contrastes, les ressources de l'art dramatique suffisent à peine.

Comment espérer traduire, en effet, en respectant l'heureux principe de la séparation des genres, l'étonnante et peut-être féconde confusion de notre époque, les combinaisons de dramatique et de comique, de sensibilité et de violence, d'incohérence et de logique, que l'on constate dans la plupart des situations et des caractères d'à présent? Une pièce qui prétendra à donner de notre époque une image fidèle peut-elle être pendant trois, quatre ou cinq actes continuellement gaie ou continuellement tragique? Et alors, s'il faut, pour porter à la scène des sujets vraiment contemporains, un mélange de tous les genres et de toutes les formes, par quel procédé délicat, inconnu, conserver dans une œuvre de théâtre cette unité de ton, cette harmonie qui semblent jusqu'à présent indispensables à l'émotion du spectateur? Ce sont là autant de difficultés nouvelles que l'auteur dramatique rencontre dans la représentation de la société et des mœurs.

Car, de tous les genres littéraires, l'art dramatique est celui qui reçoit le plus immédiatement, le plus fortement la commotion de son époque. Il en a toujours été ainsi. Ne retrouve-t-on pas de l'actualité même jusque dans les plus sublimes tragédies? Nous savons que *Polyeucte* a dû une part de son émotion aux préoccupations religieuses qui l'environnaient : le problème de la Grâce, l'arrestation de l'abbé de Saint-Cyran, les premières audaces de ce qui allait devenir bientôt le jansénisme, passionnaient alors les esprits, comme aujourd'hui l'antisémitisme et la séparation de l'Eglise et de l'Etat. Le jansénisme a été, en France, le premier grand sujet de conversation et le début des salons. Malgré la fierté et l'indépendance de son génie, l'auteur dramatique, en Corneille, profita du courant. Rien de plus facile que de faire, dans Racine, des découvertes analogues.

Si, de la tragédie, nous arrivons au drame passionnel, à la comédie de caractères ou de mœurs, le retentissement de l'époque sur l'œuvre est direct, soudain, tout-puissant. En aucun temps, le théâtre n'a subi plus impérieusement qu'aujourd'hui ce phénomène. Depuis quelques années, l'art dramatique fait pour ainsi dire les mêmes gestes que notre époque. Il reflète, avec une précision intantanée, nos discussions ardentes aussi bien que la fragilité de nos opinions, nos colères d'un instant et nos ironiques nonchalances, ce mélange d'âpreté et d'attendrissement en une proportion unique dans l'histoire de notre caractère national, et qui est peut-être l'ébauche de combinaisons morales toutes nouvelles.

Bref, l'auteur dramatique semble n'avoir plus d'autres ressources, d'autre matière que les passions, les faits et les états d'esprit exactement contemporains. Et, en effet, il n'a plus que cela, il faut le dire. Tous les grands sujets d'humanité générale lui sont inaccessibles, car ils ont été portés sur la scène par les maîtres classiques avec une profondeur et une fermeté dont il ne peut plus y avoir d'exemple. Ces maîtres avaient à leur disposition les vastes thèmes à lignes simples et les conflits éternels qui sont peu nombreux. Ils vivaient dans une société bien encadrée, régulière, qui ne débordait ni d'un côté ni de l'autre. La plupart des hommes y conservaient, durant la vie entière, l'attitude sociale que leur donnaient tout de suite les traditions. En outre, les sentiments les plus universellement éprouvés étaient vierges de l'analyse. Vous savez les immortelles peintures qui en furent faites et que les auteurs de la génération suivante se bornèrent d'abord à imiter.

Mais c'est au théâtre que l'imitation et le pastiche sont le plus dangereux. Le public fait une incessante et prodigieuse consommation de sujets et de formes dramatiques, moins exigeant toutefois sur le fond même du sujet que sur l'originalité et l'imprévu de l'exécution. Là, par exemple, il est impitoyable, et avec sa souveraine indifférence de Don Juan jamais fatigué, il repousse toutes les œuvres qu'il a déjà vues, il se raidit contre les sensations qu'il a déjà éprouvées trop souvent.

Et justement, l'art dramatique est le seul qui ait besoin d'un contact immédiat avec le public, la foule. Son but n'est pas seulement de satisfaire l'idéal personnel de l'artiste, mais aussi, mais surtout d'agir avec force sur des êtres assemblés, de les laisser frémissants, émus, joyeux, charmés ; de les mettre d'accord par le rire ou les larmes, de fondre tous ces individus distincts et hostiles en une seule âme attentive et captivée.

Les maîtres les plus illustres se sont toujours préoccupés de cette condition nécessaire de leur art, Shakespeare aussi bien que Molière, Corneille ou Racine. « Oh! qu'il est difficile de plaire aux honnêtes gens ! » s'est écrié Molière, qui est de tous celui qui a percé le plus avant dans l'essence et le mystère du théâtre. L'auteur dramatique ne se compromet donc pas, ne se rabaisse pas en étudiant le public et son temps; il reste, au contraire, dans sa définition. Si élevé, si pur qu'il soit, il né peut pas travailler et n'a jamais travaillé dans une tour d'ivoire, avec le mépris hautain de la foule. Il monte sur la scène, le visage découvert et exposé à tous les coups. Pour n'être point dévoré par les spectateurs, il doit se faire familier et accessible, leur montrer qu'il vit de la même vie qu'eux et qu'il les connaît. Il peut leur reprocher, et même durement, leurs vices, leurs lâchetés, leurs ridicules ; il n'a le droit ni de les dédaigner, ni de les insulter.

Il faut bien dire encore que, jamais autant qu'aujourd'hui, l'étude profonde de son époque n'a été indispensable au dramaturge. Une salle de spectacle est composée de gens à peu près complètement blasés sur les surprises de la comédie et du drame, sur les préparations ingénieuses, sur les détours d'une intrigue. On ne peut plus les prendre aux pièges innombrables et subtils que depuis un siècle on a tendus sous leurs pas. Ils savent par cœur toutes les aventures et tous les mensonges du théâtre. Quant à la vérité éternelle, quel est l'orgueilleux, quel est l'insensé qui prétendra l'imposer à des hommes?

Mais il y a un objet, un seul, sur quoi le spectateur ne se blasera jamais : lui-même, dans son milieu, dans son temps, dans ses mœurs. Non pas lui considéré seulement comme un homme absolu, de tous les siècles et de toutes les conditions ; non pas lui, spectateur d'il y a cinquante ans, trente ans, spectateur d'hier encore, mais lui, présent et contemporain d'une époque dans laquelle il agit, il rit, il souffre, il pense, il aime: époque que l'avenir seul pourra impartialement juger à sa place dans la série de notre histoire, qui a de fougueux et éloquents détracteurs, qui est sincèrement haïe par de très nobles esprits, mais dont la fièvre, le tumulte et l'éclat passionnent tout le monde. Aucune autre n'a fait subir au caractère français une aussi étonnante déformation, désastreuse ou bienfaisante suivant le point de vue et la théorie que l'on adopte. Elle a donné tant de démentis à notre passé, coupé tant de liens, brisé tant de cadres, créé des mœurs si particulières, des façons de sentir si neuves, qu'elle a l'air parfois d'un siècle isolé hors de l'enchaînement historique.

En tout cas, tâcher d'en débrouiller le sens et d'en apercevoir la direction, c'est pour nous d'un intérêt infini, d'un intérêt tel qu'il domine aujourd'hui tout l'art et toute la littérature.

Et de toutes les formes de l'art et de la littérature, n'était il pas naturel, Mesdames et Messieurs, que ce fût le théâtre que le contact de notre époque transformât d'abord? La transformation, certes, est loin d'être accomplie, mais on peut être sûr déjà qu'elle sera complète par le fait à la fois des exigences du public et de sa curiosité nouvelle, et par l'effort incessant de nos auteurs.

Que le public commence à se désintéresser de tout ce qui n'est pas contemporain, on en voit une preuve dans la défaveur manifeste qui pèse sur deux genres de théâtre dont la fortune a été brillante et d'où il est sorti de véritables chefs-d'œuvre. Ces deux genres, vous l'avez deviné, sont le mélodrame et le vaudeville. Par leurs conditions même d'existence, le vaudeville et le mélodrame sont sans date, sans époque. Les maîtres de ces genres perfectionnent d'âge en âge leurs procédés, varient la mécanique, créent d'ingénieuses et émouvantes complications, mais pour atteindre un certain degré de convulsion dans le rire et pour faire jaillir les larmes par torrents, il faut les violentes caricatures et les malheurs sans nuances. Rien de nos préoccupations quotidiennes, aucune trace de nos mœurs ne peut s'y intercaler, ni donner à ces spectacles l'air d'aujourd'hui, qu'un dramaturge de génie, en les renouvelant, leur fournira peut-être tout à coup.

Quoi qu'il en soit, et pour ce qui est de la comédie et du drame, notre époque envahit la scène et s'y installe de jour en jour avec plus de tyrannie. C'est d'elle que chaque auteur, suivant son tempérament et ses moyens personnels d'exécution, cherche à s'inspirer. Ce n'est qu'en se plaçant à cet endroit, en étudiant le rapport des œuvres avec leur temps, en se rendant compte qu'il est impossible, avec les règles d'autrefois, de porter à la scène les personnages et la vie d'aujourd'hui que la critique se fera une juste idée de l'art dramatique actuel et lui apportera parfois du secours et de la clarté. Ce n'est pas en se cantonnant dans la technique du théâtre, où elle est nécessairement incompétente. « Chaque œuvre, a dit Renan, est belle en son milieu, et non parce qu'elle rentre dans l'un des casiers que l'on s'est formé d'une manière plus ou moins arbitraire. Tracer des divisions absolues dans la littérature, déclarer que toute œuvre sera une épopée, ou une ode, ou un roman, et critiquer les œuvres d'après les règles qu'on s'est posées pour chacun de ces genres, c'est méconnaître la liberté de l'inspiration et le droit qu'a l'esprit de souffler où il veut. »

Ne nous affectons donc pas outre mesure de ce que depuis des temps immémoriaux on appelle « la crise du théâtre », ni surtout de voir les auteurs contemporains secouer toute discipline. C'est un grand reproche qu'on leur fait dans une partie de la critique. Depuis une quinzaine d'années, en effet, notre littérature dramatique a perdu tout aspect régulier; on ne s'y reconnaît plus, on n'y découvre ni direction générale, ni école, ni une influence dominante. Et les esprits méthodiques en sont profondément choqués. Car il y a des gens qui, sur une pièce, un livre, un tableau, ont besoin d'être fixés tout de suite, de rattacher le tableau à une école de peinture, la pièce ou le livre à un genre littéraire déterminé. Une œuvre d'art qui ne se prête pas immédiatement à cette opération leur paraît inférieure. La manie de porter sur toutes choses des jugements définitifs est en eux. Ils ignoreront toujours la douceur et même la poésie de l'incertitude. Naturellement, ils sont très sévères pour le théâtre contemporain. Ce sont eux qui ont répandu le bruit que l'art dramatique était en pleine décadence. Quelques-uns, moins prompts à désespérer de tout, se contentent de dire que nous vivons dans une période de transition.

Comme il est universellement admis que l'on n'égalera jamais Corneille, Molière et Racine, et comme tous les Français sont élevés dans cette idée désolante, il est évident que la décadence du théâtre a commencé à la mort de Racine, qui est celui des trois qui a vécu le plus avant dans son siècle. A mesure que l'on s'éloigne de ces grands maîtres, la décadence s'accentue donc et les périodes de transition se succèdent lamentablement. Il faut en prendre son parti ou renoncer à des expressions dont le sens s'est évaporé par l'abus qu'on en a fait.

Ce qui est certain, toutefois, reconnaissons-le, c'est l'impossibilité d'un classement quelconque des œuvres contemporaines, c'est la confusion des genres et un désordre apparent. Car il ne faut pas nous dissimuler que parmi tant de principes bien autrement solennels, le principe classique de la séparation des genres a beaucoup souffert en ces derniers temps. Il était pourtant commode, ce principe, et ne faisait de tort à per-

sonne. C'était un guide sûr et familier, qui vous con-
duisait de la tragédie à la comédie dramatique, puis à
la comédie de caractères, de là à la comédie de mœurs,
de celle-ci à la comédie anecdotique, d'où il n'y avait
qu'un pas jusqu'à la comédie légère, qui était elle-
même séparée du vaudeville par des espaces faciles à
franchir. On avait ajouté à ces différentes stations,
et en manière de refuges, la pièce à thèse et la tragédie bourgeoise. On était sur le point de découvrir les
lois du théâtre; l'ordre régnait dans l'art dramatique.

Mais tout à coup, au contraire, c'est l'anarchie qui
survint, et au moment où on s'y attendait le moins,
les genres se mêlèrent avec fracas. On vit des comédies
de mœurs qui prenaient des allures de tragédies, des
pièces à thèse qui étaient en même temps des comédies
légères. Ces mélanges imprévus étaient bien faits pour
déconcerter. Ils donnèrent lieu à quelques classifica-
tions nouvelles : le théâtre social, le théâtre d'idées,
qui ne servirent qu'à obscurcir la situation. Car, à
moins qu'une pièce sociale soit seulement une pièce qui
mette en scène les conflits des ouvriers et des patrons,
ou le tableau d'une grève, il n'est pas une œuvre sur le
mariage, sur la famille, sur le divorce, sur l'argent, qui
ne soit sociale, et ce terme ne peut nous être d'aucun
secours pour le classement des œuvres dramatiques.

Est-il nécessaire de faire remarquer que l'expression
de théâtre d'idées est plus vague encore? Ou bien l'écrivain a, sur la philosophie, la politique, l'art, l'histoire,
la science, une idée qu'il croit originale et féconde, et
alors, en lui imposant toutes les conventions et tous les
mensonges du théâtre, en la torturant jusqu'à ce qu'elle
pénètre dans le cadre étroit d'une scène, en la compro-
mettant dans la tricherie de la lumière et des décors,
il lui manque de respect et la déconsidère. Ou l'idée
n'est pas neuve et il ne s'agit que de vulgariser et de
répandre les idées des autres : et alors l'auteur dramatique a une tâche plus personnelle que d'être le ser-

viteur du savant, du philosophe ou du moraliste. Il a à faire ce que le philosophe ne peut, ni d'ailleurs ne prétend faire : montrer aux hommes la vie à l'aide d'êtres vivants; remuer en eux tous les sentiments et toutes les passions par le spectacle des drames que ces passions et ces sentiments déchaînent; les émouvoir ensemble et les forcer à se regarder avec sympathie.

Cela ne signifie pas, bien au contraire, que le dramaturge doive rester indifférent aux grandes préoccupations environnantes. A ce dédain, il perdrait une grosse part de son action sur le public d'aujourd'hui. Les idées et les mouvements d'esprit contemporains, les plus subtiles variations de notre moralité, il faut qu'il les connaisse. Il faut qu'il regarde de près les efforts de sa génération et qu'il essaye de pénétrer jusqu'aux dessous des événements les plus étrangers même à son art. Mais les idées éparses qui flottent autour de lui doivent plutôt imprégner son œuvre qu'en devenir l'objet principal. Et elles doivent comme flotter aussi autour de ses personnages, augmenter l'intensité de leur vie scénique, en les montrant sous plus de jour, avec plus de variété et de nuances.

D'autre part, Mesdames et Messieurs, si on a cherché en vain les lois du théâtre, et s'il est probable qu'on ne les trouvera jamais, il y a un « métier » du théâtre, dont tout le monde s'est occupé depuis la célèbre préface du *Père prodigue*. M. Ferdinand Brunetière, dans ses éloquentes conférences de l'Odéon, entraîné par la certitude qu'il y avait un métier et un métier indispensable, en a conclu, trop vite peut-être, qu'il y avait aussi des lois; peu, évidemment, mais deux ou trois; et il appelle « lois » ce qu'il juge qu'il y a de commun entre les œuvres dramatiques les plus opposées, entre *Mithridate* et *Antony* (ce sont les exemples cités par lui). Or, d'après M. Brunetière, qu'y a-t-il de commun entre *Antony* et *Mithridate*? Ceci : que, dans les deux œuvres, on trouve une action et que cette action est conduite par une « volonté qui se déploie et qui est consciente d'elle-même ». L'action, ainsi définie, serait la loi primordiale du théâtre.

Je crois que c'est là une définition trop vague pour pouvoir supporter le nom solennel de « loi ». Le propre d'une loi scientifique, économique, historique, c'est justement la précision. Une loi doit s'appliquer à un ordre d'idées très déterminé et être renfermée dans de claires limites. Elle doit servir surtout à expliquer et à prévoir avec certitude. C'est pourquoi il y a de véritables lois scientifiques ; des lois économiques qui méritent ce nom à moins d'égards ; des lois historiques qui le méritent à peine et où l'on touche à l'arbitraire. Mais en matière de théâtre, c'est l'arbitraire pur. Avec ce guide : « L'action scénique est une volonté qui se déploie », quel critique peut comprendre la mystérieuse construction d'une œuvre d'art dramatique ? quel auteur dramatique peut être aidé dans la construction d'une de ses pièces ?

Toutefois, oui, il y a quelque chose de commun entre *Mithridate* et *Antony* ; mais ce quelque chose, c'est le métier du théâtre. C'est ce qui fait que Racine et Dumas étaient de très grands auteurs dramatiques et que, par conséquent, ils connaissaient l'ensemble des conditions indispensables pour qu'une œuvre dialoguée puisse être interprétée par des artistes, jouée sur une scène, entre des décors, et se tenir en équilibre devant des gens assemblés, — gens de situation, de sexe, d'humeur et d'âge différents, venus avec le désir formel de comprendre d'abord, d'être intéressés ensuite, et d'emmagasiner pendant quelques heures une certaine quantité de plaisir et d'émotion.

Cette portion d'humanité, sans cesse mouvante et renouvelée, est à une pièce de théâtre ce que l'eau est au navire : l'élément pour la conquête duquel le navire ou l'œuvre ont été construits. Il s'agit donc, avant tout, pour l'un et pour l'autre d'y conserver sa stabilité.

2.

Une œuvre, qu'elle prétende à nous faire rire ou à nous faire pleurer, qu'elle contienne l'angoisse, la pitié ou la joie, ne vit de la vie scénique que du moment où les conditions de métier sont réalisées. Quand le métier rencontre un tempérament d'écrivain original et personnel, c'est l'art qui commence.

Et de cette importance du métier, voulez-vous un exemple matériel, facile à contrôler?

Il n'y a guère moins de dix mille Français actuellement vivants qui aient écrit des pièces de théâtre en un ou plusieurs actes et qui les aient fait représenter, soit à Paris soit en province. Il y en a des milliers d'autres qui ont déposé des manuscrits chez des directeurs et qui attendent anxieusement la réponse. Le nombre des auteurs dramatiques ou de ceux qui espèrent le devenir ne cesse d'augmenter chaque jour. On sait par les *Annuaires* de la Société des auteurs qu'il a décuplé en vingt-cinq ans.

Est-ce que la faculté dramatique a pris tout d'un coup, chez nous, un tel développement? Non. Nous sommes en présence d'un phénomène d'une tout autre espèce. C'est la presse qui, par l'importance extraordinaire qu'elle a donnée aux choses du théâtre, a déterminé cet afflux soudain. En France, un jeune homme instruit et pauvre ne tarde pas à remarquer l'abîme qu'il y a entre sa situation sociale et son instruction. Il s'en indigne et la vie lui envoie sa première amertume. Alors, suivant son caractère et les circonstances, suivant la femme qu'il rencontre et le mariage qu'il fait, il se résigne à un labeur médiocre; ou bien, au contraire, il se croit victime d'une iniquité et refuse de se courber sous la médiocrité de la vie. Sa carrière — le fonctionnarisme, le petit commerce, les âpres débuts de la médecine et du droit — lui est un supplice quotidien. Il a une envie forcenée de plus de bruit, de lumière, de liberté. La première aventure qui passera à sa portée, il la suivra, abandonnant sans regrets une

profession encombrée et difficile, où l'on avance parmi
la foule.

Comme il est encore dans le sillage de l'éducation
classique, c'est à la littérature qu'il songera d'abord.
Gagner de l'argent en écrivant : on ne se figure pas la
puissance de cette formule vague sur une imagination
française d'aujourd'hui. Il y a vingt ans environ, la
révolution qui s'est accomplie dans le journalisme a
absorbé une quantité énorme de déclassés. Mais le journalisme est devenu à son tour, par ses nouvelles
méthodes, par les gros capitaux dont il a besoin, par
son influence, par ses ramifications, par son étendue,
une profession aussi régulière que les plus anciennes ; et
il commence à en présenter le même phénomène social,
l'encombrement. Il y faut les préparations, un stage
très dur, de l'entraînement, des études spéciales. Le
journalisme, ce n'est plus l'ambition du jeune homme
qui cherche à « gagner de l'argent en écrivant ».

Son ambition, elle va vers le théâtre, dont la presse
et tous les échos lui révèlent chaque jour les splendeurs
plus ou moins réelles. Il est convaincu qu'en une soirée
la scène improvise des réputations et des fortunes. Et
il croit, par-dessus tout, qu'il n'y a rien de plus facile à
faire qu'une pièce.

Pour ces différentes raisons, Mesdames et Messieurs,
le théâtre est devenu, en peu de temps, une de nos
meilleures machines à déclasser les jeunes bourgeois.

Cependant, quand ils s'imaginent qu'une pièce de
théâtre n'est pas une chose très difficile à faire, les
jeunes bourgeois ont des excuses. Une pièce de théâtre,
en effet, est assez facile à faire ; mais elle est beaucoup
plus difficile à réussir. C'est-à-dire qu'avec de l'instruction et des lectures, une certaine vivacité d'esprit et de
l'observation courante on peut arriver assez aisément
à établir un ouvrage dialogué qui, au premier abord, a
l'aspect d'une œuvre dramatique. Des hommes et des
femmes y parlent d'amour ; une action semble s'y nouer

et s'y dénouer. Il y a, çà et là, des réparties gracieuses ou fortes. En tournant les pages rapidement et en lisant d'une façon superficielle, on a parfois l'impression que l'auteur est doué pour le théâtre.

D'innombrables manuscrits, qui donnent cette impression assez vivement, circulent chez les directeurs, chez les artistes en vue, chez les auteurs « arrivés ». Prenons celui que nous jugeons le meilleur, celui dont le sujet est le plus clair, le plus intéressant, dont le dialogue est le plus scénique. Faisons copier les « rôles », distribuons-les à des artistes et commençons les répétitions. Bientôt nous allons nous apercevoir de ceci : les scènes qui, à la lecture et quand l'œil seul les parcourait, avaient un sens, et même renfermaient une émotion véritable, ont l'air, ici, de s'évaporer. Telle qui avait dix pages de dialogue nous apparaît vide et inutile dans l'action ; telle autre n'a que quelques répliques et il devient tout de suite évident que c'est celle-là qu'il aurait fallu développer. Ce qui nous avait semblé clair à la lecture s'obscurcit. Là, nous découvrons soudain un trou énorme qui nous avait échappé et où la pièce trébuche. Des personnages entrent en scène et n'ont absolument rien à se dire ; ils échangent, pendant de longues minutes, des paroles insignifiantes. Ce trait d'esprit qui nous avait fait sourire est enfantin. Cette expression dont nous avions remarqué la force est lourde, brutale, dangereuse. Rien n'est à sa place. L'acte s'arrête trop tôt ou trop tard. L'auteur fait passer pendant l'entr'acte ce que nous aurions dû avoir sous les yeux ; et, réciproquement, il étale avec grand effort devant nous des choses que nous avions immédiatement devinées. Les entrées et les sorties sont incohérentes ; les artistes sont gênés et se demandent pourquoi ils sont là. Nous ne retrouvons plus ce qui nous avait intéressés.

Et pourtant c'est bien la pièce que nous avions lue, c'est bien le sujet, l'action, le dénouement. Ce sont les mêmes personnages ; seulement ils sont représentés

sous nos yeux par des êtres en chair et en os qui parlent
à haute voix; qui, en parlant, se regardent, et qui sont
obligés d'avoir l'air de comprendre ce qu'ils disent. Et
dès lors tout est changé. Tout prend le relief et l'accent
de la scène. Il n'est même pas nécessaire que la salle
soit pleine de spectateurs ni parée de toutes ses lumières.
La toile est baissée; les artistes, entre eux, ne sont ni
troublés ni intimidés par personne. Mais le théâtre
est là, dans ses conditions implacables; et la pièce du
jeune auteur, avec ses qualités littéraires, son esprit,
sa vigueur, un sujet agréable, un dénouement possible,
n'a pas résisté à cette première épreuve. Elle est maté-
riellement injouable. Le « métier » n'y est pas.

*
* *

Le théâtre, représentation animée de la vie, c'est
la meilleure et d'ailleurs la plus ancienne définition
que nous en ayons. Mais, cette représentation, pour
être exacte et pour exercer une forte prise sur les spectateurs, s'est heurtée de nos jours à des difficultés de
toutes sortes que l'art dramatique n'avait pas encore
rencontrées. D'où, évidemment, ses hésitations et son
aspect d'anarchie. Car le premier effet de l'irruption sur
la scène d'une époque comme la nôtre a été d'y apporter
sa propre incohérence et son propre désordre.

Et d'abord, comme nous l'avons constaté, elle a fait
tomber les clôtures qui depuis plusieurs siècles exis-
taient entre les genres; elle leur a permis de se mélanger
et leur a porté ainsi un coup dont ils ne se relèveront
pas, ou dont ils se relèveront beaucoup plus tard peut-
être, complètement transformés et différents.

Ce principe de la séparation des genres était comme
une ceinture extrêmement solide qui maintenait l'écrivain dans de claires limites; il avait encore l'avantage
de rendre plus faciles l'unité et l'harmonie. Il indiquait

tout de suite au spectateur la direction de la pièce et le ton du dénouement. Celui-ci arrivait alors avec une âme préparée et docile. Un tel spectateur, nous ne l'avons plus. C'était d'ailleurs un être plus marqué et plus distinct qu'aujourd'hui : aristocrate, gros ou petit bourgeois, artisan, ouvrier. Il se sentait séparé de son voisin par d'énormes distances d'éducation, de famille, de mœurs. Il occupait, en une salle de spectacle, la place qui correspondait non seulement à sa fortune, mais encore, mais surtout à la classe sociale à laquelle il appartenait.

Certes, oui, Mesdames et Messieurs, elle est bien profondément modifiée, depuis vingt ans, l'âme d'une salle de spectacle! Quels frissons imprévus passent sur elle! Qu'il y a, entre ses différentes parties, de contacts nouveaux, de subtiles communications! Quels individus, quels types tout récents! Quels états d'esprit inconnus, quels mystères elle contient! Et comme, décidément, on ne peut plus en prendre possession avec les mêmes gestes, les mêmes accents!

Rien de plus naturel donc qu'elle ait saccagé l'art dramatique si impressionnable, et qu'elle soit en train de le refaire à son image. Rien de plus naturel que ce public n'exige plus de l'art dramatique la même ordonnance, les sages méthodes, les heureuses divisions de genres et d'espèces. Et pas plus qu'il n'a pour lui de préjugés de classes, il n'a en art de préjugés de genres. Il ne juge plus que d'après son émotion personnelle immédiate. Il veut se voir à la scène sous toutes les formes qu'il plaira à l'auteur de choisir, comique ou tragique, ou les deux à la fois. Toutes les conceptions de la vie, tous les points de vue, il les accepte d'avance, car il sait que la vie contemporaine présente tour à tour, et parfois simultanément, tous les aspects. Peu lui importent votre école et vos procédés, pourvu que vous lui donniez la sensation qu'il assiste comme par surprise à un drame réel.

A cette condition, vous pouvez violer les lois et mêler les genres, lois et genres d'où sont sortis pourtant nos plus beaux chefs-d'œuvre. Mais ces règles et ces lois n'avaient pas seulement pour origine des considérations esthétiques. Par cette fatalité du théâtre qui le fait si fortement dépendre des mœurs, aussi bien dans ses sujets que dans sa manière, elles venaient de plus loin, des habitudes sociales elles-mêmes. On peut dire qu'à mesure que les classes se mêlent davantage dans une société et que les individus y prennent plus d'importance, les genres, dans l'art dramatique, tendent à se mélanger aussi et les œuvres à ne plus avoir d'autres lois que le tempérament et l'exécution personnels du dramaturge.

Les salles parisiennes, elles-mêmes, en tant qu'exploitation, ont bien vite subi ces nécessités. Considérez-les les unes après les autres; on peut saisir là encore l'anarchie actuelle dans un fait frappant. Où sont les spécialités de chaque scène du boulevard? Où est le genre Gymnase? Où est le genre Ambigu ou Palais-Royal? L'Odéon n'a plus de physionomie; la Comédie-Française a reçu à son tour le choc violent de notre époque, qu'elle supporte glorieusement.

Mais cette anarchie générale du théâtre, qu'il est impossible de nier, ne saurait être considérée sans injustice comme un fait de décadence. Elle est la conséquence et la somme des efforts prodigieux qu'on fait de toutes parts sur la scène, efforts qui arriveront bientôt sans doute à renouveler la construction, la marche, le développement des œuvres, à transformer le jeu des artistes et jusqu'aux conditions mécaniques du théâtre.

D'autres lois, d'autres règles, d'autres genres se reconstitueront probablement sur les débris des anciens; nous sortirons tant bien que mal de la fameuse période de transition. Il faut espérer que l'ordre de nouveau régnera pour quelque temps dans l'art dramatique.

Vous le savez, Mesdames et Messieurs, on a toujours

désespéré du théâtre en France, et c'est même à ce désespoir que l'on reconnaît le véritable amateur de spectacle, ainsi qu'un critique digne de ce nom. On a toujours immolé les auteurs d'une génération à ceux de la génération précédente. Ce sont des choses entendues et dont il faut prendre son parti.

Voltaire, qui faisait des tragédies et qui ne prévoyait pas leur sort, avait un grand dédain des autres formes de l'art dramatique. On cite de lui périodiquement, et pour bien montrer combien cet art est un art inférieur, le mot : « Que resterait-il à nos auteurs sans l'adultère et sans l'amour? »

Ce mépris robuste est partagé par quelques-uns des plus fidèles habitués de nos répétitions générales et de nos premières, et il est fréquent de les entendre à la sortie de l'une de ces solennités s'écrier en levant les bras avec indignation :

« Encore une pièce sur l'amour! » ou : « Encore une pièce sur l'adultère! Le théâtre est bien bas. Quand donc les auteurs dramatiques s'apercevront-ils que ces sujets-là sont épuisés ? »

Que les habitués des premières se rassurent. Dès que ces sujets seront épuisés, les auteurs dramatiques, qui n'ont pas l'imagination aussi bornée qu'on le croit, s'en apercevront très vite. Mais tant que l'amour jouera, parmi les hommes, le rôle assez important qui lui est dévolu depuis l'origine des espèces; tant que dans la société un homme et une femme, unis par le mariage, n'auront pas pris la ferme résolution de demeurer éternellement fidèles l'un à l'autre; tant qu'il y aura des tentations et des trahisons amoureuses, et que la loi ne suffira pas à régler harmonieusement tous les battements du cœur, l'épuisement de ces sujets ne sera pas sensible.

Mais d'ailleurs, — et nous touchons ici à un grave malentendu entre auteurs et critiques, — l'adultère n'est pas plus un sujet de pièce que la famille, l'argent, la loi, le patriotisme ou l'éducation des filles. Il faut n'avoir jamais abordé la scène, ou bien être encore dans les premiers tâtonnements du métier, pour s'imaginer qu'on peut faire tenir en quelques heures, et dans les proportions d'une œuvre dramatique, tous les aspects d'un conflit social et d'une passion. Que l'on emploie la noble forme tragique, ou la plus poétique fantaisie, ou l'un des tons si divers de la comédie moderne; que l'on soit Corneille, Musset, Dumas fils ou Labiche, il n'y a, au théâtre, que des cas particuliers et des anecdotes. Une fois l'anecdote trouvée, l'art et le génie propre du dramaturge interviennent, et l'exécution met sur l'œuvre sa marque toute-puissante.

Si l'auteur est Scribe, par exemple, l'anecdote sera charmante et même dramatique, pleine d'imprévu et de rebondissements; elle provoquera la joie, l'intérêt, jusqu'à l'émotion, mais elle restera un conte, une histoire plus ou moins heureuse. Et le cas particulier ne sortira pas de ces limites.

Si l'auteur est Racine (c'est M. Brunetière, je crois, qui a fort ingénieusement remarqué que Scribe et Racine ont à peu près les mêmes sujets de pièces : un homme aimé par une femme quand il est lui-même aimé d'une autre, ou la situation inverse), si l'auteur, dis-je, est Racine, l'anecdote s'élargira tout à coup sous la magie du langage, sous l'ardeur des sentiments. Les êtres humains qui y sont mêlés, seront profonds et vivants; ils dépasseront le cas particulier, ils auront des prolongements lointains. Amants ambitieux, femmes passionnées, diront ces mots sublimes et vrais qui donnent des âmes aux créations du théâtre.

Mais ni l'un ni l'autre n'aura « épuisé » le sujet, pas plus que Molière n'aura « épuisé » l'hypocrisie dans *Tartuffe*, Shakespeare, la jalousie dans *Othello*, Racine, l'amour maternel dans *Andromaque*. Pour toutes les générations d'auteurs dramatiques, le même sujet reste indéfiniment neuf et vierge. Car les passions, les émotions, les sentiments, les vices des hommes varient sans cesse à mesure que naissent d'autres hommes ; que leurs idées et leurs mœurs se modifient, qu'ils s'agitent dans d'autres milieux et dans d'autres circonstances. Il y a, certes, quelques traits communs entre les ambitions d'un conspirateur romain à la Catilina, d'un courtisan de Louis XIV, d'un professeur de l'Université, d'un parlementaire de nos jours qui veut devenir ministre, d'un spéculateur qui joue à la Bourse. Mais ces traits communs disparaissent presque entièrement sous l'amas de traits spéciaux et caractéristiques de chaque individu. Il n'est donc au pouvoir d'aucun penseur, d'aucun poète, d'aucun philosophe et d'aucun auteur dramatique de fixer définitivement et pour tous les siècles l'ambitieux, le jaloux, l'avare, pas plus que de faire d'une de nos innombrables émotions une peinture sur laquelle il n'y aura plus à revenir.

Et de même qu'il n'y a jamais eu, dans tout le développement de l'humanité, deux êtres absolument identiques ; de même qu'il suffit à la nature, pour varier à l'infini le type humain, de fléchir les minces lignes du visage, de même l'artiste n'a besoin, pour créer des formes incessamment nouvelles et originales, que de sa pensée et de son tour de main personnels.

Cela est vrai pour tous les arts, mais davantage encore pour le théâtre, et l'histoire de l'art dramatique en est un interminable exemple. Un homme d'un âge mûr est épris d'une jeune fille ; il la garde, il la cache à tous les yeux, il veut l'épouser avant qu'elle connaisse la vie et l'amour. Un jeune amant survient, qui lui révèle les deux par sa seule présence. Est-ce le sujet de l'*École des Femmes*, ou bien celui du *Barbier de Séville*? Et quelles œuvres plus différentes et plus neuves toutes les deux !

C'est que le sujet n'est pas là. Le sujet véritable réside dans le caractère et la situation sociale des êtres dont on nous montre le conflit, ainsi que dans le point de vue de l'auteur et le tour de l'exécution. Lors de l'apparition du *Barbier de Séville*, on a beaucoup dit à Beaumarchais que sa pièce n'était pas très originale. Il ne l'a pas cru : il a eu raison. On avait confondu, une fois de plus, le squelette de la pièce avec les muscles, les nerfs et le sang, avec le sujet intime et réel.

On ne saurait trop, Mesdames et Messieurs, insister sur ces observations, les plus anciennes d'ailleurs, et les premières que l'on ait faites dès que l'on a regardé d'un peu près les conditions du théâtre. On ne saurait trop y insister, surtout aujourd'hui où, de toutes parts, on s'applique avec rage à décourager nos dramaturges. Il n'est pas de jour, en effet, où l'on ne leur annonce la décadence irrémédiable de leur art, où l'on ne décrète que tous les sujets ayant été traités, tout ayant été dit sur la scène, le public étant las et les artistes étant trop chers, il n'y a par conséquent « plus rien à faire au théâtre ».

Certes, répétons-le, notre époque n'est pas très scénique. Elle est, pour les raisons que je viens d'essayer de vous dire, la plus difficile qui fût jamais à porter au théâtre. Par là même elle contraint le dramaturge à se perfectionner et à se renouveler sans relâche. Mais, en revanche, elle est d'une abondance et d'un pittoresque merveilleux; elle a un jet intarissable d'événements et d'individus : elle a transformé la vie parisienne et la vie provinciale. Elle frappe, au contraire, des sujets de pièces avec une inlassable fécondité. Et il ne faut que du talent pour faire, avec l'histoire du monsieur mûr qui veut épouser une jeune fille innocente, laquelle lui préfère un vigoureux garçon de son âge, un chef-d'œuvre qui aura, pour notre époque, la même valeur littéraire et sociale que l'*École des Femmes* et le *Barbier de Séville*. Il n'y a qu'à trouver notre moderne Figaro et notre moderne Agnès. Et tous les autres sujets de pièces sont aussi inépuisables que celui-là.

Examinons, si vous le voulez bien, à ce point de vue,

un des thèmes les plus actuels du théâtre : l'argent. Il y a dix ou quinze ans, au début de la génération d'auteurs dramatiques qui s'est emparée de la scène, existait un préjugé qui dominait le monde des théâtres. On le formulait à peu près ainsi : « Il ne faut pas parler d'argent dans une pièce, les pièces sur l'argent ne font pas d'argent. » Vous pensez bien que cette dernière considération était toute-puissante. Un directeur s'en servait une douzaine de fois par an pour refuser des pièces à de jeunes auteurs.

Quelle était l'origine du préjugé? Ce fait que certaines œuvres, soi-disant sur l'argent, par exemple *Turcaret*, dans la période classique, *Mercadet*, un siècle et demi plus tard, malgré la renommée de leurs auteurs et leur haute valeur littéraire, n'avaient jamais eu de forte prise sur le public. Plus récemment, en outre, la *Question d'argent*, de Dumas fils, avait été celle des premières pièces du grand dramaturge, qui avait le moins brillamment réussi. On citait aussi d'autres exemples, mais ceux-là étaient les plus probants. Il n'y avait rien à dire là contre : les jeunes auteurs remportaient leurs manuscrits et attendaient avec impatience que le préjugé disparût ou fût remplacé par un autre.

Au fond de ce préjugé, il y avait surtout un malentendu. En regardant d'un peu près, on aperçoit tout de suite qu'il n'y a pas plus de pièces sur l'argent qu'il n'y en a sur la loi, la famille ou la propriété. Un sujet de pièce, répétons-le, est essentiellement une anecdote, qui permet de mettre en contact et en lutte des êtres humains sous les conditions du théâtre. Suivant le tempérament de l'écrivain et sa conception de la vie, cette rencontre est émouvante ou comique; suivant son talent et son inspiration, elle est intéressante ou ennuyeuse, mais le problème de l'argent, un article du Code, une circonstance de famille, ne sont que les ressorts qui font se détendre et se heurter les passions.

Dans la comédie de caractères et de mœurs, avec ses

variétés et ses formes innombrables, l'argent est un des
ressorts les plus puissants. Il n'y a pas de large observation de la société et de l'homme, où l'on ne soit obligé
de constater sa présence, sa force, sa souveraine
action. On le trouve aussi bien dans *Tartuffe*, — où la
question de savoir si Orgon sera ou ne sera pas ruiné,
sera ou ne sera pas expulsé de sa demeure, se pose au
moment le plus pathétique du drame, — que dans le
Mariage de Figaro, — où la conquête de la dot de
Suzanne constitue une péripétie capitale et met en jeu
toute l'ingéniosité et toute l'ambition de Figaro, — que
dans la *Dame aux Camélias*, — où la passion d'Armand
atteint le plus haut point d'exaltation, quand Margue-
rite vend ses bijoux et se décide à ne plus être une
femme entretenue. Est-ce que l'argent n'est pas au
centre même de l'action du *Gendre de M. Poirier*, du
Demi-monde, de la *Famille Benoiton*, de *Maître Guérin*,
des *Effrontés*, des plus vigoureuses œuvres, des plus
passionnées de Dumas, d'Augier, de Sardou, de
Becque, comme des plus profondément exquises de
Meilhac et Halévy? En quoi ces œuvres sont-elles moins
des pièces « sur l'argent », que *Turcaret* et *Mercadet*?

On peut répondre qu'on appelle principalement
pièces « sur l'argent » celles qui mettent en scène des
financiers comme Turcaret et Mercadet, et celles où
l'argent serait étudié pour ainsi dire en soi, dans son
rôle économique et social, dans sa circulation, dans sa
conquête. Mais il n'y a jamais eu d'œuvres dramatiques
de ce genre, pas plus celle de Lesage que celle de
Balzac. Comment concevoir, en effet, que le phénomène de la valeur et de la circulation de l'argent, infi-
niment mystérieux déjà pour les économistes, puisse
jamais être montré et mis en action sur une scène,
devant une assemblée d'êtres humains? C'est comme
si, sous prétexte d'élargir l'art dramatique, on y intro-
duisait l'analyse chimique, les recherches de l'astro-
nomie et les radiations nouvelles de la matière, — ou

bien les problèmes de la coopération, de la mutualité, des relations internationales.

Et de cette sorte d'œuvre il n'y aura jamais, tant qu'une salle de spectacle se composera d'hommes et de femmes avides de l'émotion scénique dont le propre est d'être brusque et collective. Aux domaines de la science, de la philosophie, de la politique, l'art dramatique ne peut emprunter que des moyens, des ressorts, des cadres. Il n'a pas la prétention, ni la possibilité d'élucider leurs problèmes, ni même de les poser. Et encore n'emprunte-t-il ces moyens, ces ressorts, ces cadres, que dans la mesure où ils modifient les caractères et ébranlent les passions. Un savant est scéniquement sans intérêt. Ce qui est intéressant, ce sont les modifications de son caractère et de son cœur par son milieu et ses préoccupations professionnelles. Par là seulement, il appartient à l'art dramatique. Est-ce le poète qui nous émeut dans *Chatterton?* Non. C'est sa révolte contre la société, sa souffrance et son amour, ses grands sentiments humains.

En tant que manieur d'argent, le financier ne présente pas un intérêt plus rare que le chimiste, l'astronome, l'économiste, le poète, en tant que chimiste, astronome, économiste ou poète.

Reportons-nous, si vous voulez, aux vastes drames de la spéculation qui ont éclaté cet hiver. Vous vous les rappelez. Ce furent des drames de ruines épiques et de suicides. Qu'est-ce qui nous y a passionnés? Est-ce la question des sucres? Est-ce même la soudaine apparition de ces grands gouffres où l'argent s'engloutit? Non. Ce furent les caractères des acteurs principaux. C'est là que nous y avons trouvé les plus fortes révélations sur notre époque. Les physionomies des deux victimes sont encore présentes, j'en suis sûr, à votre mémoire. L'une souriant presque devant le désastre, expliquant son affaire à qui voulait l'entendre comme une partie d'échecs ou un coup de billard, tâchant de se sauver et de sauver le plus possible de sa fortune, léger, bavard, subtil, vaguement convaincu qu'il redeviendrait un jour, par le train naturel des choses, un personnage sympathique, et envisageant l'avenir avec une tranquille insolence. L'autre, au contraire, ayant la pleine conscience de ce qu'il y avait de tragique dans ses actes, tenant, jusqu'au dernier coup de cartes, son jeu d'une main ferme, sachant que le destin est là, et l'attendant avec toutes ses forces de résistance; ayant décidé d'avance, ou qu'il gagnerait tout, ou qu'il perdrait tout, y compris la vie.

Ces différences de caractères ont conduit le premier à se loger dans un appartement moins cher, et le second au suicide. Et les deux drames, pourtant, sont pareils, ce qui prouve encore une fois que ce ne sont point les événements qui dirigent la vie d'un homme, mais l'opinion qu'il a sur ces événements, — et par surcroît, que l'intérêt d'un drame ne dépend point des faits, de ce qu'on appelle strictement son sujet, mais, avant tout, des sentiments, des idées, enfin du caractère des personnages qui s'y meuvent.

Ce qui est exact aussi, et ce qui constitue pour l'art dramatique une acquisition supérieure, c'est que jamais autant, et à la même profondeur qu'aujourd'hui, l'argent n'a agi sur les consciences et les mœurs. Il a établi des divisions nouvelles dans la société, fondu des classes; il a brisé d'anciennes barrières et il en a élevé d'autres. Il fait qu'un noble ruiné n'est plus un aristocrate, tandis qu'un ouvrier enrichi peut en devenir un en quelques années.

Voilà, Mesdames et Messieurs, l'ensemble de phénomènes qui impressionnent de plus en plus le théâtre contemporain et qui lui préparent son originalité.

Un phénomène plus général agit encore sur l'art dramatique. Je veux parler de l'extrême liberté qui règne aujourd'hui au théâtre, aussi bien de la liberté que lui laisse l'administration, que de celle que lui laisse le public.

D'abord, la liberté administrative. Nous ne concevons plus le théâtre sans elle, pas plus que nous ne pouvons nous figurer une presse soumise au veto des gouvernements. Liberté de la presse, liberté du théâtre, c'est le régime sous lequel, vraisemblablement, cette génération est appelée à vivre. Et à la portée de notre vue sur l'avenir, il est impossible de prévoir la fin, ou même une modification importante de cet état de choses. Nous pouvons le déplorer ou nous en réjouir, suivant la conception que nous avons de la société. Mais c'est un fait accompli, il est impossible de se le dissimuler. C'est un des innombrables faits accomplis par lesquels notre époque a signifié sa force corrosive et son originalité.

Car, ce que notre époque construit en secret, l'édifice qu'elle élève derrière ses mystérieux échafaudages, aucun œil n'est capable de l'apercevoir. On ne voit clairement encore qu'un formidable travail de destruction, des fondrières, des débris, des épaves. Et elle ne procède pas comme la Révolution, par secousses violentes, par d'énormes gestes d'une puissance irrésistible, mais par petits coups répétés, continus et sourds ; elle n'arrache pas l'arbre : elle le secoue tout doucement jusqu'à ce que le fruit tombe. Il n'y a pas, dans notre histoire, de phénomène plus curieux, sinon plus passionnant. Si l'on veut jouir pleinement de sa nouveauté et de son imprévu, on doit l'examiner sans arrière-pensée, sans regrets et sans récriminations. Nous n'avons à nous occuper ici que de sa répercussion sur le théâtre.

Donc la scène est libre. Toutes les entraves administratives sont tombées, y compris cette puérile censure. Et non seulement le théâtre a conquis sa liberté de ce côté-là, mais encore, — ce qui est autrement fertile en conséquences, — du côté du public, c'est-à-dire que le spectateur contemporain, débarrassé de tout préjugé d'esthétique et de genre, habitué à la violence et à l'audace des discussions, surmené et blasé, réclame de l'art dramatique l'émotion sous ses formes les plus diverses, comique, tragique, sentimentale, mais lui demande de moins en moins compte du comment et du pourquoi de cette émotion. Il dit à l'écrivain :

« Je ne vous chicane plus sur le choix de votre sujet, ni sur le caractère et la condition sociale de vos personnages. Mettez à la scène qui vous voudrez et dans la situation que vous voudrez, militaires, financiers, prêtres, hommes politiques, courtisanes, religieuses. Tout ça m'est égal, j'en ai vu bien d'autres. Donnez-moi votre opinion, si hardie, si subversive qu'elle soit, sur la famille, la propriété, la religion, les lois, les mœurs, servez-vous de la forme que votre tempérament vous imposera, le drame, la satire, la bouffonnerie, la fantaisie, c'est votre affaire, et pour rien au monde je ne veux plus me mêler de ces détails. Je n'exige qu'une chose, mais celle-là, je l'exige bien : intéressez-moi, faites-moi pleurer, ou faites-moi rire. La postérité classera vos œuvres, ça la regarde et non pas moi. La valeur réelle, profonde, exacte, d'une œuvre, m'échappe comme elle échappe nécessairement, et par définition, à tous les contemporains, puisqu'on appelle justement valeur d'une œuvre l'opinion de la postérité sur cette œuvre. Je ne suis pas là pour juger, mais pour voir, entendre et sentir ; pour être, en définitive, amusé, charmé et ému, et ce par tous les moyens qu'il vous plaira d'employer, et sur lesquels il est entendu, dorénavant, que moi, public, je vous laisse liberté entière et absolue. »

Cet état d'esprit, Mesdames et Messieurs, est, je le crois bien, celui de la moyenne de notre public. Évidemment, au premier abord, il peut paraître inquiétant. Car s'il n'y a plus ni le contrôle de l'opinion, ni celui de l'État, si tout est permis sur la scène, si, sous la réserve d'amuser la foule et de lui plaire, on peut tout dire et tout insulter, n'est-ce pas le théâtre voué prochainement à la grossièreté, à l'immoralité? Comment concevez-vous qu'un art puisse continuer de vivre dans une atmosphère si défavorable, si malsaine? Remarquez, continuent les adversaires de la liberté, que c'est aux époques d'autorité et de contrainte que, dans ses œuvres les plus audacieuses, la comédie s'est élevée le plus haut. Quelle portée moindre aurait eue *Tartufe* et le *Mariage de Figaro*, pendant une période libre et sans discipline! N'est-ce pas l'autorité, n'est-ce pas la tyrannie, qui ont rayé le canon d'où ont jailli si loin ces grands drames? Avec le régime actuel de relâchement et de liberté, le théâtre ne manquera-t-il pas d'élan, de tremplin, de ressort? Aura-t-il son ancienne puissance de pénétration? En somme ne perdra-t-il pas une grosse part de son action et de sa raison d'être?

Telles sont les principales objections que l'on fait à la liberté de la scène. Telles sont aussi les principales craintes que peut inspirer l'examen des conditions nouvelles dans lesquelles l'art dramatique français, entraîné depuis une vingtaine d'années par le courant général de notre temps, se développe avec effort.

Il est clair que, si ces objections et ces craintes étaient fondées, notre art dramatique toucherait, en effet, à une crise dangereuse, et on pourrait conclure qu'il deviendra de plus en plus incompatible avec les formes prochaines de la civilisation. Mais je crois très fermement qu'elles ne le sont pas et que ceux qui raisonnent ainsi ne tiennent pas assez compte des conséquences habituelles de la liberté.

Voyez ce qui s'est passé pour la presse. On peut comparer la presse et le théâtre, car ils ont ceci de commun, d'avoir l'un et l'autre besoin, pour seulement exister, de l'approbation de la foule. Un journal, quoique lu par un seul individu à la fois, ne s'adresse pourtant pas à des êtres isolés. Le fait qu'il est lu, presque au même instant et pour ainsi dire tout d'un coup, par un grand nombre de gens, crée entre eux une commu-

nion instantanée, très analogue à celle d'une salle de
spectacle. Il y a des frémissements d'opinion aussi
brusques, aussi profonds que des effets de théâtre.

Eh bien, comment la presse s'est-elle tirée des pé-
rils de la liberté? Certes, au début, elle a été salie par
une basse pornographie; puis, il y a eu la phase de
l'insulte sans pudeur et sans élégance. On a pu croire
que le journalisme allait se déshonorer pour toujours.
Au contraire, il s'est transformé. Et comme, sous peine
de ne plus vivre, et par le simple effet de la concur-
rence, il lui a fallu atteindre un public de plus en plus
vaste, il a dû d'abord se moraliser.

Rien de ce qui s'adresse à la foule, lecteurs de jour-
naux, spectateurs de théâtre, ne peut être indéfiniment
immoral ou malsain, spectateurs de théâtre surtout.
Et c'est un des plus grands mystères de notre nature
que l'homme, en présence d'autres hommes, sente son
âme devenir soudain plus noble et plus délicate. La
générosité, la franchise, la pitié lui paraissent alors
ses sentiments normaux, la règle même de sa vie. Les
injustices, les cruautés qu'il a commises comme individu isolé, il se sent, comme spectateur mêlé à d'autres
spectateurs, sincèrement incapable de les commettre.
Il les réprouve, il en a horreur. Il n'admet pas que des
êtres, même fictifs, les accomplissent devant lui.

Et n'appelez pas cela de l'hypocrisie, car si cela en
était, l'hypocrisie serait mieux alors qu'un hommage
que le vice rend à la vertu : elle serait un effort incon-
scient de l'homme vers l'idéal. Et ne croyez pas non
plus que si ce spectateur permet à l'auteur dramatique
de tout lui dire, celui-ci en abusera immédiatement.
Non. Car le public laisse bien l'écrivain libre, mais, lui-
même, il ne l'est pas, quoiqu'il se l'imagine. Il vous
permet bien, à vous, auteur, d'attaquer la famille, les
lois, les religions, mais il a une très haute idée de la
famille. Il a une conscience, il est éminemment
sociable. Si vous êtes injuste et violent, il vous écoutera

un instant par curiosité, mais il vous quittera vite et ne reviendra plus. Et il finira toujours, après quelques oscillations, par imposer ces deux conditions indispensables du drame devant la foule : la sincérité, la moralité.

Donc, Mesdames et Messieurs, — et c'est par là que je veux terminer, — l'art dramatique n'a rien à redouter, pour sa dignité et son éclat, de la liberté de la scène et du nouvel état d'esprit de son public. Il ne peut que gagner à s'engager délibérément dans toutes les nouvelles avenues ouvertes devant lui, à se retremper dans une époque incomparable. Il ne peut que s'agrandir en captant, dans la société actuelle, les sources d'émotions toutes neuves qui jaillissent de toutes parts.

Paris. — L. Maretheux, imprimeur, 1, rue Cassette. — 12116.